# RIGOLETTO
## Vocal Score

# Giuseppe Verdi

A restored, corrected edition
of the original 1851 publication

DOVER PUBLICATIONS, INC.
Mineola, New York

*Bibliographical Note*

This Dover edition, first published in 2001 and reissued in 2012, is an unabridged republication of the vocal score originally published by G. Ricordi, Milan, ca. 1851. Amplified lists of credits, characters, and contents are newly added. Corrections in the music have been made without special comment.

We are indebted to musicologist Victor Rangel-Ribiero for providing a copy of this rare edition for republication.

*International Standard Book Number*
*ISBN-13: 978-0-486-41690-8*
*ISBN-10: 0-486-41690-9*

Manufactured in the United States by Courier Corporation
41690902
www.doverpublications.com

# RIGOLETTO

*Melodramma* in three acts

Music by
## Giuseppe Verdi

Libretto by Francesco Maria Piave (originally, *Il duca di Vendome*)
after Victor Hugo's play *Le roi s'amuse* (1832)

*First performance*
11 March 1851, Gran Teatro La Fenice, Venice

## CHARACTERS

| | |
|---|---|
| Gilda, *Rigoletto's daughter* . . . . . . . . . . . . | Soprano |
| Giovanna, *her guardian* . . . . . . . . . . . . . | Mezzo-soprano |
| Countess Ceprano . . . . . . . . . . . . . . . . | Mezzo-soprano |
| Maddalena, *Sparafucile's sister, a prostitute* . . . . . | Alto |
| The Duke of Mantua, *a libertine*. . . . . . . . . | Tenor |
| Matteo Borsa, *a courtier* . . . . . . . . . . . . | Tenor |
| Rigoletto, *the court fool* . . . . . . . . . . . . | Baritone |
| Count Monterone . . . . . . . . . . . . . . . | Baritone |
| Cavaliere Marullo, *a gentleman* . . . . . . . . . | Baritone |
| Sparafucile, *a cutthroat*. . . . . . . . . . . . . | Bass |
| Count Ceprano . . . . . . . . . . . . . . . . . | Bass |
| | |
| Page . . . . . . . . . . . . . . . . . . . . . | Tenor (Mezzo-soprano) |
| Court Usher . . . . . . . . . . . . . . . . . . | Bass |
| Chorus of Gentlemen and Courtiers . . . . . . . . | Tenors, Basses |
| "Wind" Chorus (Act 3) . . . . . . . . . . . . . | Tenors, Basses |

Ladies, pages, halberdiers

*Setting: Mantua and its environs, 16th century*

# ACT ONE

*A magnificent hall in the ducal palace—The deserted corner of a blind alley*

1. <u>Prelude</u> (p. 1) *(orchestra)*—<u>Introduction</u> (2) *(offstage band)*
   Della mia bella incognita borghese (4) *(Duke, Borsa)*

2. Questa o quella per me pari sono (7) *(Duke)*

3. <u>Minuet</u>—Partite? Crudele! (11) *(Duke, Countess)*
   In testa che avete (13)—Che festa! (14) *(Rigoletto, Borsa, chorus)*
   <u>Perigordino</u>* (15)

4. Gran nuova! (16) *(Marullo, chorus)*
   Ah più di Ceprano importuno non v'è! (19)—Vendetta del pazzo! (23)—
       Tutto è festa, tutto è gioja (27) *(Duke, Rigoletto, Ceprano, Marullo, Borsa, chorus)*

5. Ch'io gli parli (30)—Oh tu che la festa (36) *(Monterone, Rigoletto, Duke, Borsa,*
      *Marullo, Ceprano, chorus)*

6. Quel vecchio maledivami! (47) *(Rigoletto, Sparafucile)*

7. Pari siamo! (55) *(Rigoletto)*
   Figlia!/Mio padre! (59)—Deh non parlare al misero (62)—Oh quanto dolor! (64)—
      Il nome vostro ditemi (68)—Già da tre lune (72)—Ah! veglia, o donna (74)
      *(Rigoletto, Gilda)*
   Alcun v'è fuori (76)—Oh quanto affetto! (78) *(Rigoletto, Gilda, Giovanna, Duke)*

8. Giovanna? ho dei rimorsi (83)—Signor nè principe (84) *(Gilda, Giovanna)*
   T'amo! T'amo, ripetilo (85)—È il sol dell'anima (88) *(Duke, Gilda)*
   Che m'ami, deh ripetimi (92) *(Duke, Ceprano, Borsa, Giovanna, Gilda)*
   Addio, addio, speranza ed anima (95) *(Gilda, Duke)*

9. Gualtier Maldè! (99)—Caro nome (100) *(Gilda)*
   Oh quanto è bella! (105) *(Gilda, Borsa,Marullo, Ceprano, chorus)*

10. Riedo! perchè?—Chi va là? (107) *(Rigoletto, Borsa, Marullo, Ceprano)*
    Zitti, zitti (111) *(Borsa, Marullo, Ceprano, chorus)*
    Soccorso, padre mio! . . . Ah! la maledizione! (120) *(Gilda, Rigoletto)*

*the *Périgourdine,* a French folk dance similar to the *passepied*

# ACT TWO

*A salon in the ducal palace*

11. Introduction (123) *(orchestra)*
    Ella mi fu rapita! (124)—Parmi veder le lagrime (126) *(Duke)*
    Duca, duca? (128)—Scorrendo uniti remota via (130) *(Duke, Marullo, Borsa, Ceprano, chorus)*
    [ Possente amor mi chiama (137) *(Duke)*
    [ Oh qual pensier or l'agita? (139) *(Marullo, Borsa, Ceprano, chorus)*

12. Povero Rigoletto!—La rà, la rà (145) *(Rigoletto, Borsa, Marullo, Ceprano)*
    Al suo sposo (150) *(Page, others)*
    Cortigiani, vil razza dannata (155) *(Rigoletto)*

13. Mio padre!/Dio! ma Gilda (163) *(Gilda, Rigoletto)*
    Coi fanciulli (166) *(Marullo, Borsa, chorus)*

14. Tutte le feste al tempio (167)—Solo per me l'infamia (170)—Piangi, piangi (172)
    *(Gilda, Rigoletto)*
    Schiudete—Poi chè fosti invano (176) *(Usher, Monterone)*
    Si, vendetta, tremenda vendetta/O mio padre (178) *(Rigoletto, Gilda)*

# ACT THREE

*Outside a tavern on a bank of the Mincio*

15. E l'ami? (185) *(Rigoletto, Gilda)*
    Due cose, e tosto/Quali? (187) *(Duke, Sparafucile, Rigoletto)*
    La donna è mobile (187) *(Duke)*

16. Un dì, se ben rammentomi (193)—*Quartet:* Bella figlia dell'amore (197)
    *(Duke, Gilda, Maddalena, Rigoletto)*

17. M'odi! ritorna a casa—Venti scudi hai tu detto? (207) *(Rigoletto, Gilda)*
    La tempesta è vicina! (208) *(Sparafucile, Duke, Maddalena, "wind" chorus)*
    La donna è mobile *(reprise)* (211) *(Duke)*

18. Ah più non ragiono! (213)—Eppure il danaro (215)—Oh cielo (219)—
    Su, spicciati, presto (224) *(Gilda, Maddalena, Sparafucile, "wind" chorus)*
    ["Thunder and lightning" (229–232)]

19. Della vendetta (233) *(Rigoletto)*
    Mezzanotte!/Chi è là?/Son io (234) *(Rigoletto, Sparafucile)*
    Egli è là! morto! (236) *(Rigoletto)*
    La donna è mobile *(reprise)* (238) *(Duke, Rigoletto)*

20. Chi è mai . . . Mia figlia! (240)—V'ho ingannato (244) *(Rigoletto, Gilda)*

**END OF OPERA**

# ATTO PRIMO. PRELUDIO ED INTRODUZIONE.

*,,Della mia bella incognita,,*

**N.o 1.**

### PRELUDIO.

*Andante sostenuto.*

Sala magnifica nel palazzo ducale con porte nel fondo che mettono ad altre sale,

pure splendidamente illuminate.

Folla di Cavalieri e Dame che passeggiano nelle sale del fondo.

Paggi che vanno e vengono.

Nelle sale in fondo si vedrà bal—

lare.

4

SCENA I. Da una

DUCA. delle sale vengono parlando fra loro il Duca e Borsa.

Del_la mia

BORSA.

bel_la incogni_ta bor_ghese toccare il fin dell'avventura io vo_glio. Di quella

DUCA
gio_vin che ve_dete al tempio? Da tre me_si o _gni festa.

BORSA
La sua di _ mora?
DUCA
In un re_mo_to calle; mi _ ste _

_rio_so un uom v'entra o_gni notte.
BORSA
E sa co_lei chi sia l'amante

DUCA
su_o? Lo i_gnora. (Un gruppo di dame e cavalieri attraversan la sala.)

# BALLATA

*,,Questa o quella per me pari sono,,*

(Tenore)

Nº2.

ATTO I. *SEGUITO della SCENA I.*

DUCA.

Allegretto.

con eleganza

Questa o quel _ la......... per me pa_ri so_no a quant' al _ tre d'in

_ tor _ no ......... d'intorno mi ve _ do,          del mio co _ re......

...... l'impero non ce _ do........... meglio ad u _ na          che ad altra bel _

8

_tà.   La co_sto_ro avve_nen_za è qual do _ _ no di che il

*con brio*

fa _ to ne in_fio _ ra la vi _ ta;............s'oggi que_sta......

....mi torna gra_di_ta, forse un'al_tra, forse un'al _ tra...... doman lo sa_

_rà, un'al _ _ _ _ tra, forse un'al _ tra........ doman lo sa _

_ rà.

La co _ stan _ za ........... tiranna del co _ re de _ te _ stia _ mo qual

mor _ bo,     qual morbo cru _ de _ le,     sol chi vuo _ le ......

...... si serbi fe _ de _ le;     non v'ha amor .............. se non v'è li _ ber _

_tà.    De'ma_ri_ti il ge_lo_so fu_ro_ _ _re, degli a_man_ti le sma_nie de_ri_do...............ànco d'Ar_go.........i cent'occhi di _ sfi_do se mi punge, se mi pun_ge...... ......u_na qualché bel_tà, se ................. mi pun_ge...... ......una qualche bel_tà.

_con brio_

_cres._

_rinf._

# MINUETTO E PERIGODINO NELL'INTRODUZIONE.

*,,Partite?... Crudele!,,*

## N. 3.

ATTO. I. *SCENA II.* Entrano Dame e Cavalieri. Intanto nella sala in fondo si ballerà il Minuetto.

Tempo di
Minuetto.

1ᵒ *Strumenti sul palco.*

( Il Duca va ad incontrare la Contessa di Ceprano e le dice con molta galanteria)

DUCA

Par_

LA CONTESSA DI CEPRANO

_ti_te?.. Cru_de_le!.. Se_gui_re lo spo_so m'è

DUCA.

for_za a Ce_prano. Ma de_e lu_mi_no_so in Cor_te tal

12

a _ stro qual so _ le bril _ la _ re. Per voi qúi cia _ scu _ no do _

_vrà pal _ pi _ ta _ re. Per voi già pos _ sen _ te la

(con enfasi baciandole la mano)

fiam _ _ ma d'a _ mo _ re i _ ne _ bria, con_

CONT.

_qui _ de, di _ strug _ ge il mio co _ re. Cal_

13

14

vi_no, le fe_ste, la danza, bat_ta_glia, con_vi_ti, ben tut_to gli sta. Or della Con_

_tes_sa l'as_se_dio egli a_vanza, e in_tanto il ma_ri_to fremen_do ne

( ridendo )

( esce.)  ( Intanto nella Sala si ballerà il Perigodino.)

va.

PERIGODINO

FINE.

# CORO NELL' INTRODUZIONE

*,, Tutto è gioja, tutto è festa ,,*

N.º 4.

ATTO I *SCENA IV.*

Allegro con brio

Banda

(entra premuroso.)
MARULLO.

Gran nuova! gran nuova! Stu_

CORO

Che avvenne? parla_te!

Che avvenne? parla_te!

mf

M _pir ne do _ vre_te... (ridendo) Ah!

Nar_ra_te, nar_ra_te...

Nar_ra_te, nar_ra_te...

20

22

23

24

26

28

# SEGUITO E STRETTA DELL' INTRODUZIONE.

*„Oh tu che la festa audace hai turbato„*

## N.º 5.

ATTO I. *SCENA VI.*

DUCA. — No!

RIGOLETTO. — Monte_ro_ne!

BORSA. — Monte_ro_ne!

MARULLO. — Monte_ro_ne!

CEPRANO. — Monte_ro_ne!

MONTERONE. (entro le scene) (presentandosi) — Ch'i_o gli parli. Il voglio.

CORO. — Monte_ro_ne! Monte_ro_ne!

Moderato

32

34

36

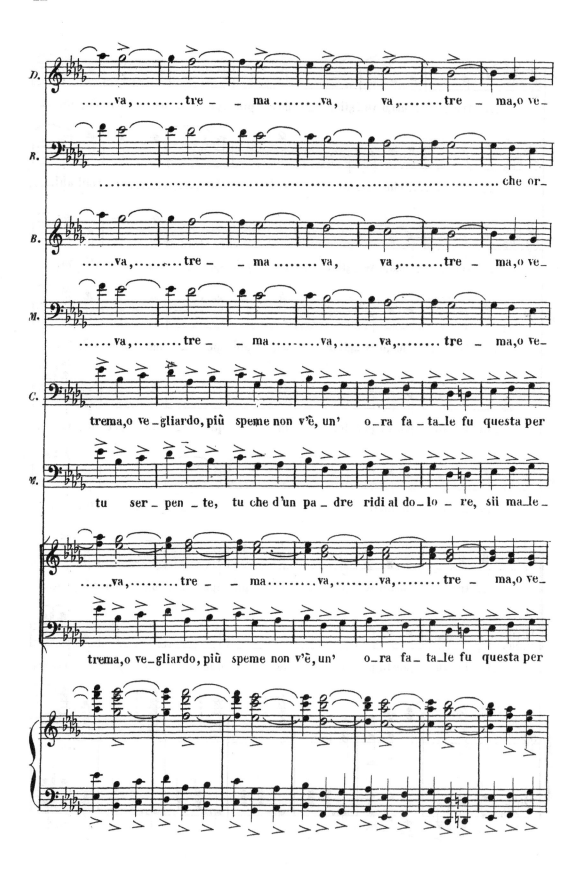

44

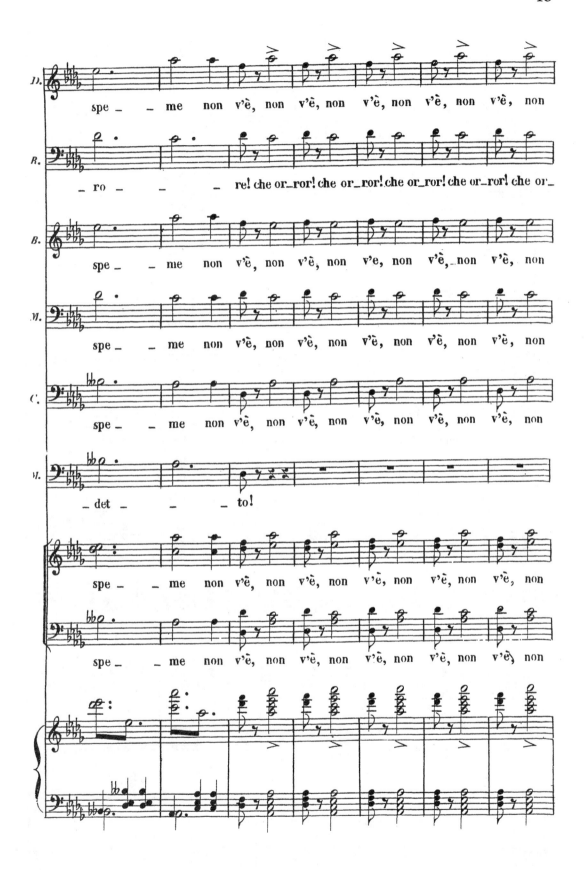

(Monterone parte fra due alabardieri; tutti gli altri seguono il Duca in altra stanza)

# DUETTO

Nº 6.

„Quel vecchio maledivami,,

( Baritono e Basso )

**ATTO I. SCENA VII.** L'estremità più deserta d'una via cieca. A sinistra una casa di discreta appa_
renza con una piccola corte circondata da muro. Nella corte un grosso ed alto
albero ed un sedile di marmo.nel mezzo una porta che mette alla strada; sopra
il muro un terrazzo praticabile, sostenuto da arcate. La porta del primo piano
dà su detto terrazzo, a cui si ascende per una scala di fronte. A destra della via è
il muro altissimo del giardino, e un fianco del palazzo di Ceprano. È notte.

48

49

51

52

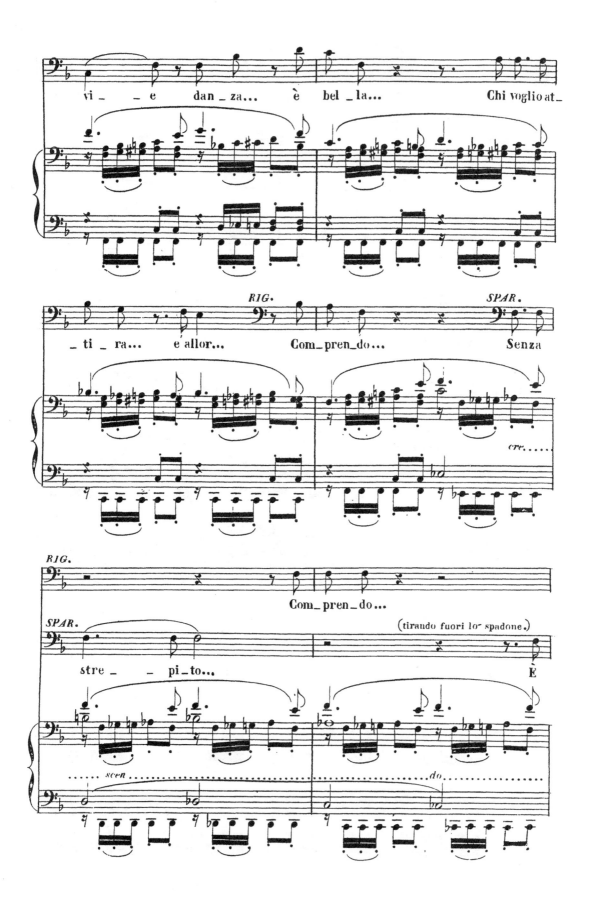

54

SPAR. (per andarsene)  RIG.

_gno _ ne...  E  do _ ve  all' oc _ ca _ sio _ ne?..

RIG.

Va.

SPAR.

Qui sempre a se _ ra.  Spa _ ra_fu_cil,  Spa _ ra_fu

R.

Va,  va,  va,  va.

(Sparafucile parte)

S.

_ cil. ........................................

allarg. e morendo.

# SCENA E DUETTO

*„Figlia... Mio padre! A te d'appresso,,*

(Soprano e Baritono.)

N.º 7.

56

voi!..        Oh    rabbia!..es_ser dif_forme!..            oh

rab_bia!.. es _ ser buf _ fone!..            Non do_

_ver, non poter al_tro che ri_dere!..Il re_taggio d'ogni uom m'è tolto... il pian _

_ to!...                      Questo padrone

66

più,     padre, non più,   non più, cal_ma _ te_vi, mi la _ ce _ ra tal

_la re _ sti al mi _     _ ro,   so _ la re _ sti al

vi _ _ sta, non più,  vi   cal _ ma _ te, non più, mio pa _ dre, ah vi cal _

mi _ se _ ro,   so _ _ _ la      tu

68

_ma _ te, pa_dre, mi la _ ce _ ra, pa_dre, mi la_ce_ra tal

re _ sti... Di _ o, sii rin_gra _ zia_to, rin_gra_

_zia_to.

**Allegro.**

vi_sta. Il no _ me vo _ stro

**Allegro.**

**rr**

GIL.

di _ temi, il duol che si v'at_trista... A

RIG.

74

76

Sem _ pre novel so _ spet _ to...

RIG. (entrando dice a Giovanna)

Al _ la chie _ sa vi se _ gui _ va mai nes _

GIO. DUCA. RIG.

_ suno? Mai. (Ri _ go _ letto!) Se ta _ lor qui picchian guardate _ vi da

78

# SCENA E DUETTO

*,, Signor nè principe io lo vorrei,,*

(Soprano e Tenore.)

**N.º 8.**

84

86

88

mio!

*cantabile.*

È il sol dell' a _ ni _ ma, la vita è a _

*Andantino.*

_ mo _ re, sua vo _ ce è il palpito del no _ stro co _ re... e fama e

gloria, po _ tenza e tro _ no u _ ma _ ne, fragi _ li qui co _ se

so _ no: ú _ na pur av _ vene so _ la, di _ vi _ na, è a _ mor che agl'

*stentate*

an _ ge _ li agl' ange _ li più ne avvi _ ci _ na!................ A _ dunque a _

96

addi _ _o,     addi _ _ o,     ad _ di _ _

addi _ _ o,     addi _ o,    ad _ di

_ _ _ _ o,     ad _ di _ _

_ _ _ _ o,     ad _ di _ _

(il Duca esce scortato
da Giovanna.)

o. (Gilda resta fissando
la porta ond'è partito)

o.

# SCENA ED ARIA

*,,Caro nome che il mio cor,,*

(Soprano)

N.º 9.

**ATTO I.** *SCENA XIII.*

100

Allegro moderato.

dolcissimo

Ca_ro no _ me che il mio

cor fe_sti pri_mo pal_pi_tar, le de_

_li_zie dell' a_mor mi dèi sem_pre ram_men_

dolcissimo

................e fin l'ul_ti_mo mio so_spir, ca _ _ ro

no _ _ _ me, tuo sa _ rà.                    Col pensier il......

mio desir        a te sempre vole_rà ......................................

dolce

a te ........................................................vole_

106

# SCENA E FINALE I.

*,,Zitti, zitti moviamo a vendetta,,*

N.º 10.

108

110

-lazzo... con voi son i_o. Siam masche_ra_ti... Ch'io pur mi

maccheri; a me u_na larva. Si, pronta è già. Ter_rai la

(Gli mette una maschera e nello stesso tempo lo benda con un faz_
zoletto e lo pone a reggere una scala sotto al terrazzo)

scala. Fit_ tà è la

te _ nebra...

112

114

116

118

120

(porta la mano agli occhi)

RIG.

_i _ _ ta! Non han fi_nito ancor!..qual deri _ sione!        Sono ben_

( Si strappa impetuosamente la benda e la maschera, ed al chiarore d'una

_dato!...

lanterna scordata riconosce la sciarpa, vede la porta spalancata, entra, ne trae

Giovanna che fissa con istupore; si strappa i capelli... vorrebbe gridare ma non

cres. sempre

può ...........................................................................

finalmente dopo molti sforzi esclama

Ah!   ah!   ah! la ma _ le _ di _

_ zio _ _ _ _ _ _ _ ne!! ( sviene )

Fine dell'Atto primo.

# ATTO SECONDO
## SCENA ED ARIA
*„Parmi veder le lagrime„*

(Tenore)

**N.º 11.**

*SCENA 1.* Salotto nel palazzo ducale. Vi sono due porte laterali, una maggiore nel fondo che si chiude. A' suoi lati pendono i ritratti in tutta figura, a sinistra del Duca, a destra della sua sposa. V'ha un seggiolone presso una tavola coperta di velluto, ed altri mobili.

*Agitato assai.*

(entra il Duca agitatissimo)

124

_fet_ti?... colei sì pura al cui mode _ sto    sguardo    quasi spinto a vir_

_tù tal or mi cre ____ do!.. El_la mi fu ra _ pi _ ta!..

E chi l'ar_diva?...         Ma      ne a _ vrò, ma ne a _vrò ven_

_detta;    lo  chiede il pianto    del __ __ la mia di_let __

_ta.

126

Cantabile

Par_mi veder le la_grime scor_ren_ti da quel

ci _ glio, quan _ do fra il dubbio e l'an _ sia del

*Oppure*
dell' a _ mor no _ stro

su _ bito pe _ ri _ glio, dell'amor nostro me_more, dell'amor nostro

me _ more, il suo Gualtier chiamò. Ned ei potea soc_

130

Allº assai moderato.
BORSA. coi Tenori.

Scorrendo u_ni_ti remo_ta vi__a, brev'o_ra

MAR. e CEP. coi Bassi

Scorrendo u_ni_ti remo_ta vi__a, brev'o_ra

Allº assai moderato.

do_po cadu_to il dì,.......... come pre_vi_sto ben s'e_ra in

do_po cadu_to il dì,.......... come pre_vi_sto ben s'e_ra in

pri_a, rara bel_tà ci si scopri. E_ra l'a_

pri_a, rara bel_tà ci si sco_prì. E_ra l'a_

Allegro.

*mf*

*sciolte*

DUCA (da sè)   *deciso*

Pos_sente a_mor mi   chia _ _ ma, vo_lar io deg_gio a

le _ i;   il ser_to mio da _ rei..........per con_so_lar quel

cor,   il ser_to mio da _ rei..........per con_so_lar quel

*con forza*   *ten.*

cor.      Ah sappia alfin chi l'a _ _ ma, co _ nosca al _ fin chi

so _ _ no, ap _ prenda ch'anco in tro _ _ no ha de _ gli schiavi A _

_mor,      ap _ _ pren _ da ch'an _ co in tro _ no ch'an _ co in

tro _ _ no ha de _ gli schiavi      ha degli schia _ vi A _

140

144

# SCENA ED ARIA

„Cortigiani, vil razza dannata,,
(Baritono)

N.º 12.

146

148

150

151

152

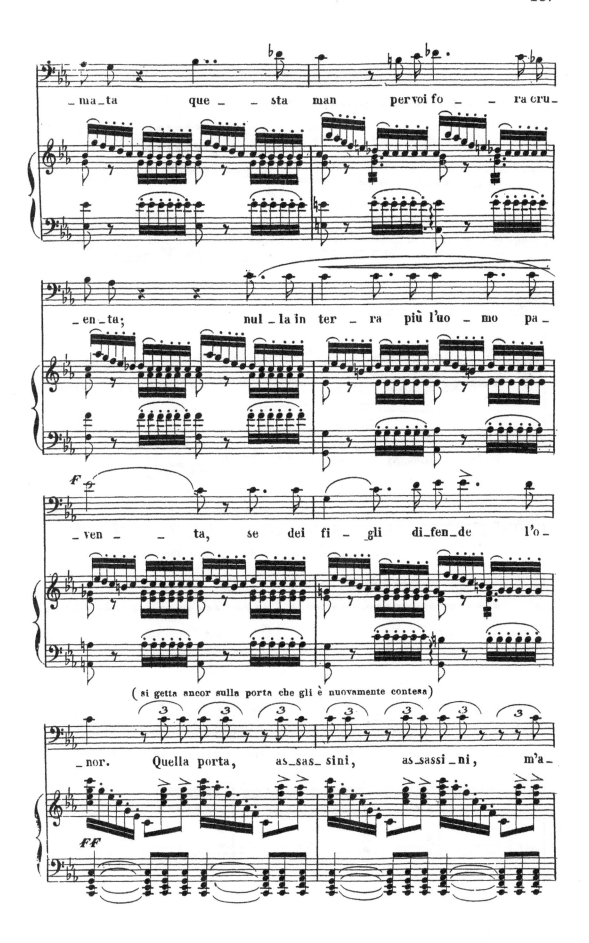

158

(Lotta alquanto coi cortigiani, poi tor_na spossato sul davanti della scena)

_prite, la porta, la porta, assassi_ni, m'a_pri _ te.

Ah!        voi   tutti     a me contro     ve_

(piange)

_ni_te!..        tut_ti     contro me!..     Ah!   Eb_ben

161

162

_tà,    ri_da_te a me  la  fi_glia, tutto al mondo è tal figlia per

me;    ri_da_te a me  la  fi_glia; tut_to al mon_do

ell'è    per me. Pietà,  pietà, signori,  pie_tà, si_gnori, pie_

_tà.

## SCENA E CORO

*„Coi fanciulli e coi dementi„*

**ATTO II.** *SCENA V.*

(Gilda esce dalla stanza a sinistra e si getta nelle braccia del padre.)

164

an _ _ gelo mio...          fu scherzo!... non è

vero?...          Io   che pur pian _ si   or rido...   E

(ai Cortigiani)          (a Gilda)

tu   a   che piangi?          Ah! l'on _ ta, pa _ dre   mi _ o!..

GIL.

RIG.   Cie _ lo!   che di _ ci?...          Ar _ ros _ sir vo _ glio   in_

GIL.

morendo

165

166

# SCENA E DUETTO

,,*Tutte le feste al tempio,*

( Soprano e Baritono )

N.º 14.

ATTO II. *SCENA VI.*

RIGOLETTO.

Parla...siam soli... (Ciel! dammi co_rag_ _gio!)

*Recitativo..*

con espress:

GILDA.

Tutte le feste al tem_pio     mentre pregava Id_di_o,

bello e fatale un giovane     offriasi al guardo mi_o... Se i   labbri no_stri

ta _ cquero, dagl' occhi il cor il cor parlò.

Furtivo fra le te_nebre sol jeri a me giunge_va... Sono studente

po _ vero, commosso mi di _ ce_va, e con arden_te pal _ pito a_

_ mor... mi prote_stò Par _ tì... par _ tì...

169

170

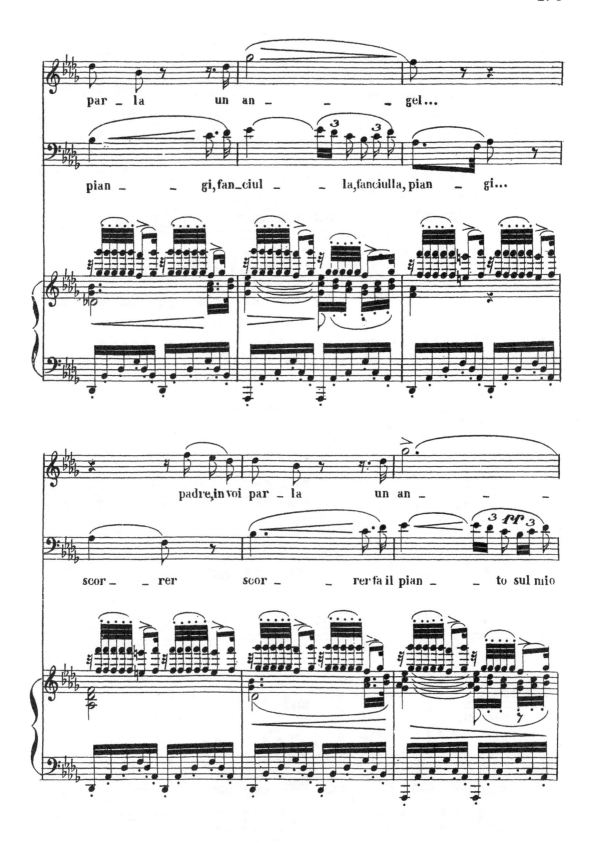

176

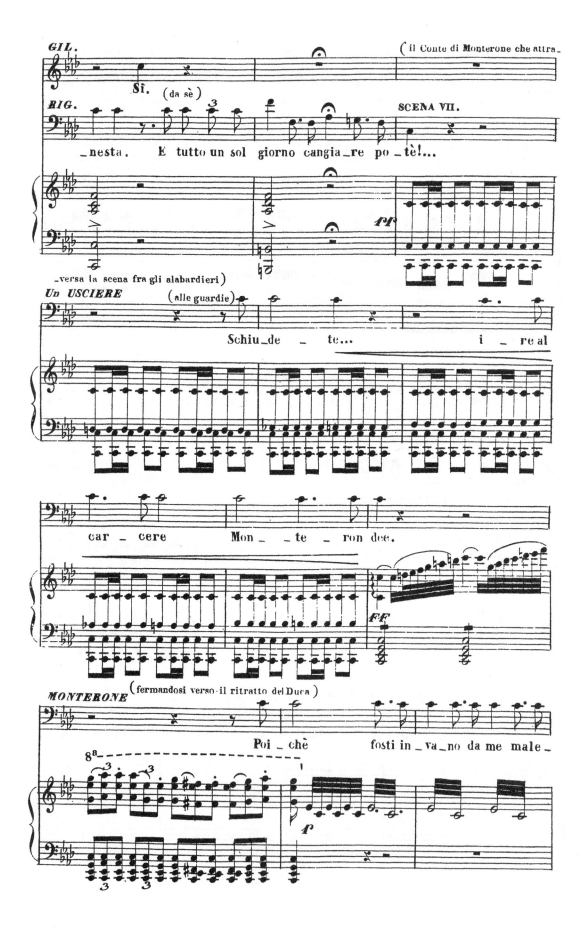

SCENA VIII.

*All.° vivo*

(con impeto molto, volto al ritratto)

Sì    ven _ det _ _ ta tremen _ da ven_det _ ta

di    quest' a _ _ nima è so _ _ lo de_si _ o...

di    pu _ nir _ _ ti già l'o _ _ ra s'af_fret _ ta,

che    fa _ ta _ _ le per te    tuone_rà.

182

rà a noi ver _ rà, ah per _ do _ na _ te per _ do _

_ prà si sì col _ pi _ re te col _ pi _ re il buf _

_ na _ _ _ _ _ te.

_ fo _ _ ne sa _ prà.

(escon dal mezzo)

Fine dell'Atto 2<sup>do</sup>

# ATTO TERZO

## PRELUDIO, SCENA E CANZONE.

*"La donna è mobile"*

(Tenore)

N.º 15.

Deserta sponda del Mincio. A sinistra è una casa in due piani, mezza diroccata, la cui fronte, volta allo spettatore, lascia vedere per una grande arcata l'interno d'una rustica osteria al piano terreno ed una rozza scala che mette al granajo, entro cui, da un balcone, senza imposte, si vede un lettuccio. Nella facciata che guarda la strada è una porta che s'apre per di dentro; il muro poi n'è sì pien di fessure, che dal di fuori si può facilmente scorgere quanto avviene nell'interno. Il resto del teatro rappresenta la destra parte del Mincio, che nel fondo scorre dietro un parapetto in mezza ruina; al di là del fiume è Mantova. È notte.

SCENA I. Gilda e Rigoletto, inquieto, sono sulla strada; Sparafucile nell'interno dell'osteria, seduto presso una tavola, sta ripulendo il suo cinturone, senza nulla intendere di quanto accade al di fuori.

mal cauto il co — re! Pur mai non sen_te_si fe _li _ce ap_

_pie — no chi su quel se _ no non li_ba a _ mo _ re!

La donna è mo _ bil qual piuma al ven_to, mu _ ta d'ac_

_cen _to e di pen _ sier

costume di zingara scende a salti la scala. Il Duca corre per abbracciarla, ma ella gli sfugge. Frattan_

_to Sparafucile, uscito sulla via, dice a parte a Rig.) SPAR.

È là il vostr' uo _ mo...

più piano

RIG.

viver dee o mo _ ri _ re? Più tar _ di torne_

morendo

( Sparafucile si allontana dietro la casa lungo il fiume )

_rò l'opra a compi _ _ re.

# QUARTETTO

*Un dì, se ben rammentomi*

N.º 16.

( Sop.,Cont.,Ten. e Bar.)

**ATTO III. SCENA III.** Gilda e Rigoletto sulla via, il Duca e Maddalena nel piano terreno.

Un dì, se ben ram_men_tomi, o bel_la, t'in_con_tra_i... mi pia_cque di te chie_de_re, e in_te_si che qui sta_i. Or sap_pi, che d'al_lo_ra sol te quest'al_ma a_

195

203

_di _to, per ango _ scia non scop_piar, no, non scop_

gio _ co........... so ap_prez_zar, il vostro gio_ _co so apprezzar,

co _ re il pal _ pi _ tar, vieni, vie_

cu _ ra la ven_det _ta d'af _ fret _ tar, ta_ci, ta_

_piar, non scop_piar, ah no.........................

......il vostro gioco so apprezza _ re, ah sì.........................

_ni, vie _ ni, vie _ni.........................

_ci, ta _ ci, ta _ ci.........................

# SCENA

*,,M'odi!.. ritorna a casa,,*

**ATTO III.** *Seguito della* **SCENA III.**

**RIGOLETTO**

*Recit.ᵛᵒ*

M'odi!.. ritorna a casa... oro prendi, un destriero, una veste viril che t'appre-

_stai, e per Verona parti... sarovvi io pur doman... Or venite.. Impossibil. Tremo. Va!

**GILDA.** **RIG.** **GIL.** **RIG.**

**SCENA IV.** (Il Duca e Maddalena stanno fra loro (Rigoletto va dietro la casa, e ritorna con
(Gilda parte) parlando, ridendo, e bevendo.) Sparafucile, contandogli delle monete)

*Allegro.*

*estremamente*

*Questo Recitativo dovrà esser detto
senza le solite appoggiature.*

**RIG.**

Venti scudi hai tu detto? Ec_co_ne dieci; e dopo l'opra il

(prende un lume e s'avvia per la scala)

_li_ce d'offrirvi u _na stanza... se a voi pia_ce tosto a ve_derla an_

DUCA.

(dice una parola all'orecchio di Maddalena e segue Sparafucile)

_diamo. Ebben! so_no con te... presto... ve _diamo.

Adagio. con forza.

MAD.

Po_ve_ro giovin!.. grazioso tanto!

I°. Tempo.

DUCA (sul granajo)

Dio!.. qual not _te è questa! Si dorme all'aria a_

CORO.

211

212

mo_bil, mu_ta d'ac_cen_to e di pen_sier... e

*allarg.*

*sempre più allarg.*

*morendo.*

di pen_sier... mu_ta d'ac_cen_to e di pen...

*allarg.*

MAD. I.º Tempo

È ama_bile in vero cotal giovi_notto! Oh sì, venti scudi ne dà di pro_

SPAR.

I.º Tempo

MAD.

_dotto. Sol venti? son pochi!.. vale_va di più. La spada, s'ei dorme,

SPAR.

va... portami giù.

(Maddalena sale al granajo contemplando il dormente)

(☆) Eseguendo l'Opera di seguito si om_
metterà l'ultima battuta.

# SCENA, TERZETTO E TEMPESTA

*„Somiglia un Apollo quel giovine..„*

( Sop.,Cont. e Basso)

**N.º 18.**

**ATTO III. *SCENA VI.*** Gilda in costume virile, con stivali e speroni, comparisce dal fondo, e lentamente si avanza verso l'osteria, mentre Sparafucile continua a bere.

Ah più non ra _ giono!..Amor mi trascina!.. mio pa _ dre, per_

(lampo)

_ do _ no...

Qual not_te d'or_ ro_re!..Gran

( Mad. sarà discesa ed avrà posata la spada del Duca sulla tavola)

entro le scene vocalizzando a bocca chiusa

(tuono)

214

216

220

223

224

230

(cessa il tuono, continuano lampi e pioggia)

sempre dimin.

(tuono)

8ᵃ

232

# SCENA

*„Della vendetta alfin giunge l'istante„*

N.º 19.

**ATTO III. *SCENA VII.***

Rigoletto solo si avanza dal fondo della scena chiuso nel suo mantello. La violenza del tem-
_porale è diminuita, nè più si vede e sente che qualche lampo e tuono.

RIGOLETTO.

Del_la ven _detta alfin giun_ge l'i_stante! da trenta dì l'a_

Recitativo.

_spetto di vi_vo sangue a la_grime pian_gendo sotto la lar _ va del buf_

(un lampo)       (esaminando la casa)

_ fon...       Quest'uscio!.. è

chiuso!.. Ah non è tempo an_cor!.. S'at_tenda.

235

questo!.. Ei sta sot_to i miei piedi!.. È desso! oh gio _

_ja!.. È giunta alfi_ne la tua vendetta,o

duolo! Sia l'onda a lui se _ polcro! un sac _ co il suo len_

_ zuo _ lo!.. All' on _ da! all' on _ _

# SCENA E DUETTO FINALE

*„V'ho ingannato .... colpevole fui ....„*

(Soprano e Baritono)

## Nº 20.

**ATTO III. SEGUITO DELLA SCENA IX.**

244

247

248

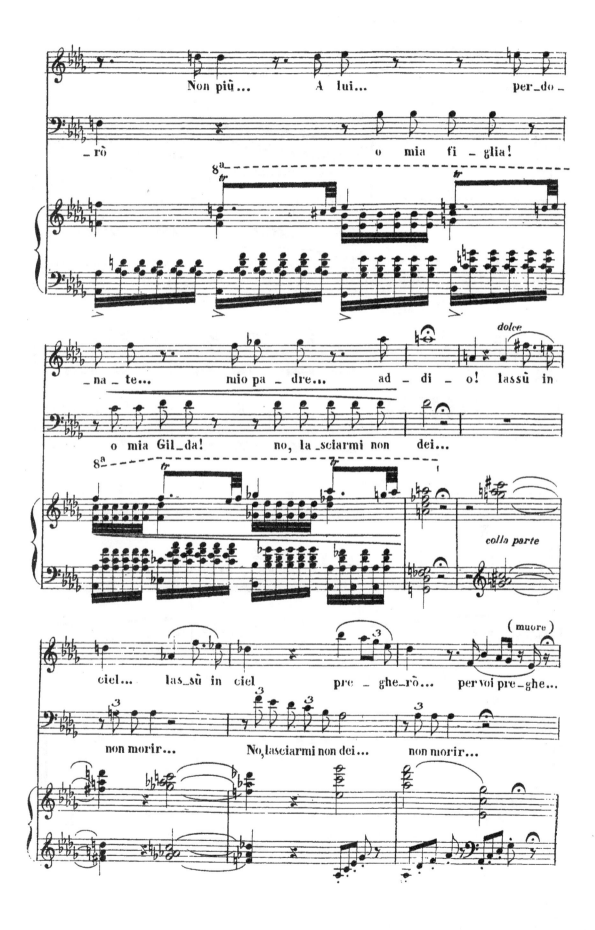

250

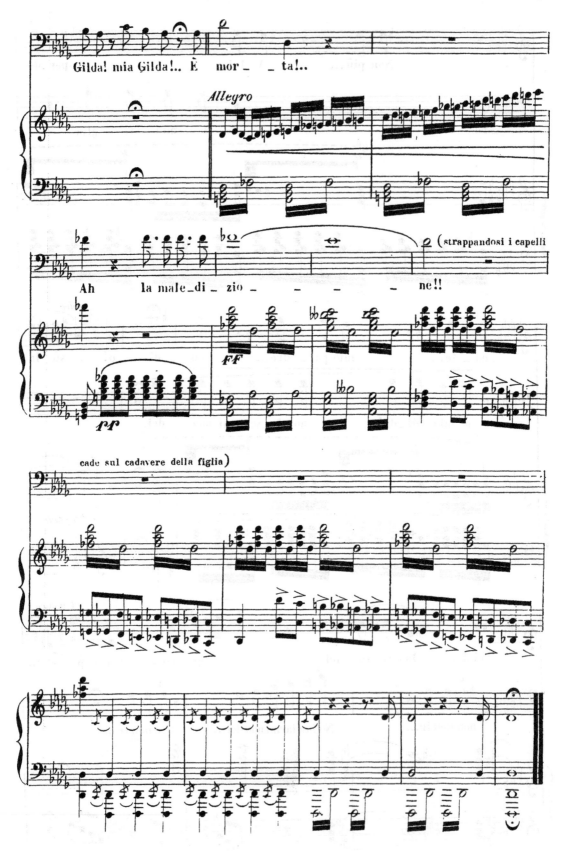

Gilda! mia Gilda!.. È mor _ _ ta!..

Allegro

Ah    la male_di_zio _ _ _ _ ne!!

(strappandosi i capelli

cade sul cadavere della figlia)

Fine dell'Opera.